MÉMOIRE

SUR LE COMMERCE DES NEGRES

AU KAIRE.

L'histoire de tous les peuples démontre que pour rendre l'esclavage utile, il faut du moins le rendre doux ; que la force ne prévient point les révoltes de l'ame ; qu'il est de l'intérêt du maître que l'esclave aime à vivre ; et qu'il n'en faut plus rien attendre dès qu'il ne craint plus de mourir.

On trouve aux mêmes adresses les Égaremens du Nigrophilisme, 1 *vol. in-8.° Prix,* 3 *fr.* 50 *cent.*

MÉMOIRE

SUR LE

COMMERCE DES NÈGRES

AU KAIRE

Et sur les maladies auxquelles ils sont sujets
en y arrivant.

Par Louis FRANK

Ex-Médecin de l'Armée d'Egypte.

A PARIS

Chez AMAND KŒNIG, Libraire,
quai des Augustins, N° 31.

A STRASBOURG

Même Maison de Commerce, rue du Dôme, N° 26.

1802

MÉMOIRE

SUR LE COMMERCE DES NÈGRES

AU KAIRE,

ET SUR LES MALADIES AUXQUELLES ILS SONT SUJETS EN Y ARRIVANT.

Tout ce qui appartient au commerce des Nègres, que différentes nations Européennes ont entrepris au commencement du XVIme siècle, sur la côte de Guinée, est généralement connu : mais il est étonnant que parmi tant de célèbres voyageurs qui ont visité l'Égypte, aucun n'ait parlé, dans ses relations, du commerce des Nègres qui se fait au Kaire, et qui, selon toute apparence, est très-ancien. Comme cet objet m'a paru curieux, et avoir

A

quelque mérite pour ceux qui s'inté-
ressent à l'histoire des peuples, je me
suis donné des peines particulières
pour rassembler tout ce qui appartient
à la traite des Nègres, dans la plus
grande ville connue de l'Afrique,
où j'ai séjourné près de cinq années.

Les voyageurs ont avancé une quantité de choses, souvent révoltantes,
sur les causes qui forcent les Nègres,
dans leur pays natal, à tomber dans
l'esclavage ; j'ai, à mon tour, tâché de
faire des recherches exactes sur cet
objet. Quatre différentes causes pa-
raissent être les plus fréquentes.

1.º La guerre, qui, d'après tous les
renseignemens que j'ai obtenus par
des Nègres même, provient des fréquentes dissentions entre leurs rois,
ou leurs sultans, lesquelles ne se ter-
minent que par le sort des armes. Tout
alors appartient au vainqueur ; les

sujets du vaincu deviennent ses captifs, et on les tient à son service, ou
sont vendus ou échangés contre des
articles de commerce, tels que des
toiles, des serviettes, des habillemens,
des vaches, des chameaux, des che-
vaux, etc.

Lorsque les Nègres se mettent en
campagne, tout ce qui forme leur famille suit son chef respectif; les femmes même, soit par dévouement, soit
par devoir, sont de ce nombre; ce qui
fait qu'ordinairement la suite de l'armée excède de beaucoup le nombre
des combattans.

M. Browne, dans sa relation sur le
royaume de Darfoor, rapporte que
lorsque le sultan Teraub partit pour
faire la guerre dans le Cordofan, il
avait cinq cents femmes à sa suite,
et qu'il en laissa autant dans sa de-
meure; les unes sont chargées de mou-

dre le bled (1), de puiser l'eau, de préparer à manger; et, à l'exception des concubines du roi, toutes voyagent à pied, et portent sur leur tête une partie du bagage.

Aussi, après la célèbre bataille des pyramides, les Nègres et les Négresses que les Mameluks avaient abandonnés dans leur défaite, avec leurs familles, ont admiré et loué les Français qui n'usaient pas envers eux du droit du vainqueur, et admettaient quelquefois les Négresses à leur table, partageaient même avec elles leur lit ; leur ad-miration était d'autant plus grande, qu'on leur avait présenté les Français comme le peuple le plus inhumain et le plus féroce.

2.° L'enlèvement de quelques indi-

---

(1) Je donnerai plus bas connaissance de leur moulin , qui est simple, mais lourd.

vidus, qui se fait même d'une cabane à l'autre, entraîne un moins grand nombre de ces malheureux à l'état de servitude.

La friponnerie, la hardiesse, et la coutume de voler ses semblables, va chez eux quelquefois si loin, qu'on a vu enlever jusqu'à l'enfant couché à côté de sa mère. Un Nègre ayant été dans une de ces cabanes, qui ordinairement sont construites en joncs, remarqua l'endroit où la mère avait coutume de coucher avec sa fille, de l'âge d'environ trois ans ; peu de jours après ce même Nègre vint, dans la nuit, écarter adroitement les joncs, et enleva, dans le sommeil, la petite Négresse, sans que la malheureuse mère s'en apperçût.

3.º Une autre partie des Nègres esclaves est prise sur des hordes errantes qui n'ont aucune religion, ni aucune forme de gouvernement. D'autres, sous la domination de quelque sultan, plus instruits à détruire artificiellement leurs semblables, munis de fusils et d'autres armes, épient à la piste ces hordes qui sont assez communes, cherchent à les bloquer, et à leur couper principalement l'eau. Ce blocus, ou pour mieux dire, cette chasse humaine, est plus ou moins longue; les assiégés, dès qu'ils apperçoivent qu'ils sont cernés, se défendent à coup de pierre; les assiégeans, au contraire, ne font que tirer de temps à autre quelques coups de fusils, pour les intimider. Ces infortunés, pressés par la faim et par la soif, sont enfin obligés de se rendre à leurs avides oppresseurs, après de grandes assurances qu'il ne leur arrivera rien. Chacun des assiégeans s'empare d'un certain nombre de ces malheureux, les lie avec des cordes, des chaînes , et les emmène dans ses foyers, où ils sont échangés contre d'autres articles de commerce.

4.° M. Browne (L. C.) fait mention d'une quatrième cause d'esclavage. Dès qu'un homme se permet la plus legère apparence d'envahissement sur la propriété d'un autre , sa punition est de voir réduire en esclavage ses enfans , ou les personnes les plus jeunes de sa famille. Bien plus , si un homme apperçoit dans son champ l'empreinte du pied d'un autre, il appelle des témoins, porte sa plainte devant un magistrat , et, le fait une fois prouvé , il en coûte nécessairement au délinquant, son fils , son neveu , ou sa nièce, qu'il est obligé de livrer à la personne offensée. Ces accidens, qui se renouvellent sans cesse , ne peuvent manquer de produire un grand nombre d'esclaves. La même punition s'applique à celui qui, chargé de faire quelques achats dans un marché éloigné, n'aurait pas exactement rempli la commission qu'on lui aurait donnée.

L'opinion assez généralement répandue en Europe, que les pères et mères, ou les parens, vendent leurs enfans au marché au plus offrant, est absolument fausse : ils y attachent autant de prix que les nations les plus civilisées. Si vous autres Blancs, êtes capables de croire à de semblables absurdités, me disait un jour un Nègre, cessez donc de vous étonner s'il règne, entre nous ignorans, tant d'opinions absurdes, relativement au caractère, aux mœurs, et coutumes de votre nation. Tous les animaux s'attristent lorsqu'on leur prend leurs jeunes petits ; pourquoi voulez-vous donc nous mettre au dessous de toutes les brutes ?

Lorsqu'un père vient à mourir, et qu'il laisse une nombreuse famille sans moyens, sans des parens capables de la nourrir, alors le sultan prend souvent les enfans, sous le prétexte d'en faire des domestiques, en donnant quelque récompense à la mère, ou aux autres personnes qui les auraient nourris ; il s'approprie ainsi des individus, qu'il finit par vendre à des hommes qui font le commerce en Égypte. Je pense que cette circonstance peut avoir donné lieu à l'assertion que les Nègres vendent leurs enfans sur le marché, comme tous les autres animaux domestiques,

Les Ghellabis, ou marchands d'esclaves, ne peuvent se rendre en Égypte qu'en caravane plus ou moins considérable. Le sultan nomme un ou plusieurs chefs de la caravane, qu'ils appellent *el Habirri* ; ils sont chargés, non-seulement de maintenir l'ordre, mais encore de vendre des esclaves, ainsi que d'autres productions du pays pour le compte du sultan, et d'acheter au Kaire, du produit de leur vente, les articles d'habillemens, des armes, etc. Les provisions de bouche pour les Nègres consistent en une espèce de bled de turquie, ou de maïs, qu'ils appellent *Dourra*. Comme les chameaux de la caravane sont considérablement chargés, ou d'eau, ou de gomme arabique, de dents d'éléphant, de tamarin, d'outres, etc. tous les Nègres, à l'exception des enfans jusqu'à l'âge de dix à douze ans, sont obligés de suivre à pied. Si au moment du départ de la caravane, les Ghellabis ne prennent pas de grandes précautions, beaucoup de leurs Nègres s'évadent : la certitude de ne jamais plus revoir leur pays natal, et la crainte d'être

maltraités chez les Blancs, les déter-
minent à la désertion , quoique
les marchands emploient toute leur
éloquence pour leur persuader qu'ils
seront beaucoup mieux chez les étran-
gers que chez eux. Au reste, les Ghellabis sont, pour l'ordinaire, des gens
d'un caractère absolument inhumain,
qui ont plus d'égard pour leurs chameaux que pour leurs Nègres ; car,
si en chemin ceux-ci ne les suivent pas
de près , on leur fait accélérer le pas,
au moyen d'un fouet , ou *corbatche.*
Ceux qui veulent faire plus commo-
dément la traversée du désert qui sé-
pare l'Égypte du soudan , se procurent
des ânes , qui est la meilleure mon-
ture, et un parasol de toile cirée. La
caravane se met constamment en mar-
che à la pointe du jour , et ne s'arrête
que vers le soir. Alors les uns allument
le feu , les autres broient sur une

pierre concave, qui fait partie des us-
tensiles de cuisine, une portion de
dourra, que l'on fait ensuite cuire en
forme de bouillie, avec une très-petite
quantité de viande de vache salée,
sèche. Le déjeûné consiste également
dans une bouillie de dourra, mais sans
viande. On économise singulièrement
l'eau : s u ent les malheureux Nègres
ne reçoivent qu'une seule fois à boire
dans la journée, d'où il résulte qu'il
en périt plus de soif que de fatigue.
Cette mesure d'économiser l'eau, qui
en soi-même est si cruelle, est dictée par
deux puissantes circonstances : la première, c'est que l'on ne rencontre dans
une traversée de trente-six à quarante
jours, que trois à quatre fois de l'eau,
c'est-à-dire tous les dix ou douze jours;
la seconde, c'est qu'il périt souvent un
grand nombre de chameaux destinés
à porter l'eau. Malgré tous ces incon-

véniens, il est cependant bien prouvé que le nombre des Nègres qui périt dans cette fatiguante traversée, est infiniment plus petit que celui qui a lieu dans la traite des Nègres, qui se fait sur les côtes de la Guinée.

Les caravanes de Sennar et de Darfoor, avant l'arrivée des Français, s'arrêtaient à Abutigé, petite ville de la Haute-Egypte, ou les Ghellabis avaient la coutume de faire faire des eunuques en raison de leur insatiable avidité. Curieux de connoître tout ce qui appartient à cette cruelle opération, je me suis adressé au gouverneur de cette ville. Il m'assura que l'on faisait annuellement cent à deux cents eunuques; que la mortalité n'en était pas absolument considérable, et que la guérison s'opérait assez promptement. L'eunuque se vend ordinairement le double d'un autre Nègre, et c'est cette augmen-

tation du prix qui détermine les pro-
priétaires, ou, pour mieux dire, les usur-
pateurs à faire mutiler une partie de
ces infortunés. Sur le procédé de l'opération même , je n'ai pu obtenir des
renseignemens bien exacts et bien
positifs : cependant l'essentiel est que
l'opérateur prenne d'une main le scro-
tum et la verge qu'il tend légèrement ;
puis, avec un rasoir de l'autre main , il
enlève tout d'un seul coup. Cette opération , quoique très-simple en elle-
même, exige une certaine dextérité et
de l'expérience : car si l'opérateur tend
trop les parties, qu'il les coupe de trop
près, le patient périt facilement : si au
contraire il ne tend pas assez ces parties, il résulte, par la suite, une espèce
de moignon qui rend l'eunuque difforme, et qui ne laisse pas d'inquiéter
celui qui l'acheterait. J'ignore quels
sont les moyens que l'on emploie pour

arrêter le sang immédiatement après la section des parties : les uns m'ont assuré qu'on y appliquoit de la fiente de mulet ; d'autres, que l'on enfonçait le patient, jusqu'à la ceinture, dans un fossé qu'on remplissait ensuite de sable. Si, au milieu d'un traitement aussi bizarre, l'urètre reste libre, le malade a espoir de guérir : si au contraire il s'oblitère, il s'ensuit une suppression d'urine qui entraîne bientôt la mort.

De quelque manière, au reste, que cette cruelle opération se fasse, il est étonnant que la mortalité soit aussi peu considérable. Cela dépend évidemment de la bonne constitution des Nègres, et de l'âge auquel on leur fait subir cette opération ; car ils sont ordinairement choisis entre les enfans de 8 à 10 ans, et jamais au-delà. *Pietro della Valle* rapporte cependant qu'en Perse, ceux à qui on la fait subir pour viol

ou autre crime de ce genre , en gué-
rissent fort heureusement , quoique
avancés en âge , et que l'on n'applique que de la cendre sur la plaie.

En Barbarie, on applique tout simplement du goudron liquéfié sur la plaie.
Je me suis souvent entretenu avec des
eunuques au Kaire ; mais aucun n'a
voulu me donner des renseignemens
véridiques sur l'opération qu'ils ont
subie ; ils éludaient constamment la
question, voulant me persuader qu'ils
avaient perdu tout le souvenir.

L'arrivée de l'armée française en
Egypte a arrêté spontanément l'usage
barbare de mutiler aussi inhumaine-
ment les Nègres. En vertu d'un arrêté
du général Bonaparte, les commandans
des corps de troupes stationnées dans
la Haute-Egypte , achetaient , lorsqu'une caravane y débouchait , les
Nègres qui pouvaient convenir pour

pour le service militaire, et l'expérience a prouvé qu'ils sont aussi susceptibles de devenir bons soldats que les Européens.

A Synt, les Ghellabis étaient obligés de payer une retribution aux Mameluks d'environ 24 à 30 fr. par chaque Nègre et chaque chameau; il leur étoit délivré un certificat sans lequel ils ne pouvaient entrer au Kaire avec leurs marchandises.

Il n'y a que trois caravanes qui amènent des Nègres au Kaire; la première est celle de Sennar; la seconde, celle de Darfoor; et la troisième, celle qu'on appelle *Mograbi,* ou *la caravane occidentale* qui vient de Mourzzuk, capitale du Fezzan, tantôt de Bournou, d'autres fois de *Havnia.* Les deux premières caravanes arrivent ordinairement une fois par an; celle de Fezzan n'arrive quelquefois que toutes les deux années.

B

Lorsqu'une caravane arrive au Kaire, elle conduit ses Nègres, ainsi que toutes les autres marchandises, dans un okèle ou caravanserie particulier, assez généralement connu sous le nom de marché des Nègres, qui n'a rien de remarquable que sa caducité et une grande malpropreté. Les deux sexes sont séparés dans de mauvaises petites chambres qui ont une grande analogie avec nos prisons. Une autre partie est placée par groupe dans la cour de l'okèle, souvent sur les marchandises de leur maître. Lorsqu'un Européen voit pour la première fois ce marché avec les Nègres dont la plupart sont nuds, des garçons et des filles de tout âge, même des mères avec des enfans collés sur leur sein, il ne peut guères résister au sentiment pénible qu'un semblable spectacle lui occasionne ; mais si l'on y va fréquemment, que l'on considère la gaîté qui règne entre ces captifs, leur insouciance, et si l'on songe qu'ils sont destinés à rentrer dans un état plus doux, qu'ils sont à la fin de leurs souffrances, on s'accoutume successivement à les voir avec beaucoup moins de peine.

Tout ce que l'on dit ordinairement au Kaire sur le nombre des Nègres qui s'y vendent annuellement, est absolument exagéré. J'ai pris le parti de m'informer à ce sujet chez le propriétaire de l'okèle , ainsi que chez l'écrivain Cophte qui depuis 3o ans enregistre tous les Nègres qu'on y vend ; mais ni l'un ni l'autre n'ont su me donner des renseignemens positifs, soit que cela ne les intéresse pas, soit qu'au lieu de conserver les registres , ils les brûlent tous les ans. En comparant néanmoins tout ce que des personnes dignes de foi m'ont dit sur cela , il

B..

résulte que par le passé il s'en vendait
de 3 à 4 mille tout au plus par an des
deux sexes. Mais comme depuis quelque temps les Mameluks augmentaient
continuellement les impositions, les
commerçans se dégoûtèrent tellement
de l'Égypte, qu'à mon arrivée au Kaire
(en l'an 6), ils n'y en amenaient en
tout, guères plus de douze cents Nègres par an. Une seule caravane
portait autrefois mille, jusqu'à quinze
cents Nègres; mais en dernier lieu, le
nombre n'en était que d'environ six
cents. Dans le courant de trois années et demie, que les Français ont
été maîtres de l'Égypte, il n'est arrivé que quatre caravanes très-peu considérables ; mais il y a tout lieu de
croire que si l'on eût conservé ce pays,
les Ghellabis seraient venus plus fréquemment avec de nombreuses caravanes.

Les habitans du Kaire ont l'habitude de juger de la bonté du caractère d'un Nègre, ou d'une Négresse, lorsque ceux-ci ont un bel œil, avec l'albugine bien blanche, les gencives et la langue vermeille, sans tache brune ou noirâtre, l'intérieur des mains et la plante des pieds de couleur de chair, et qu'ils ont des beaux ongles. Ils prétendent que les Nègres qui ont le blanc des yeux bruns, ou rougeâtres, la langue et les gencives avec des taches noires, sont d'un mauvais caractère et absolument incorrigibles. Je n'ai pas assez d'expérience pour réfuter ou appuyer cette assertion ; mais je puis bien assurer que j'ai rencontré des Nègres et des Négresses avec tous les mauvais signes indiqués, qui n'avaient aucune mauvaise qualité ; j'en ai vu d'autres qui, avec toutes les qualités recherchées, avaient absolument un caractère pervers.

Beaucoup d'habitans du Kaire, et même des Nègres, m'avaient assuré qu'on rencontrait quelquefois parmi les Nègres à vendre, de ceux qui sont vraiment anthropophages, et que l'on reconnaît par une petite queue, ou une prolongation de l'os du coccyx. Ils m'assuraient que les Ghellabis en faisaient faire l'extirpation lorsqu'ils s'en appercevaient, et qu'il est essentiel, pour cette raison, d'examiner si l'on ne trouve aucune cicatrice à l'endroit indiqué. Je me suis donné beaucoup de peines pour acquérir la certitude de ce fait, mais je n'ai obtenu que des réponses insuffisantes ; parmi un grand nombre de personnes considérables que j'ai questionnées, si elles avaient *vu de leurs propres yeux* de cette espèce de Nègres, il ne s'en est trouvé aucune qui ait pu répondre affirmativement à ma demande.

Les Nègres qui viennent avec la caravane de Sennar, sont originaires de la Nubie, ne sont pas absolument bien noirs, et ont fréquemment les traits de la physionomie assez réguliers. Les filles de ces contrées passent, pour ces raisons, quelquefois pour Abyssiniennes, parce qu'elles sont plus recherchées; mais le fait est, que la caravane de Sennar ne porte qu'un très-petit nombre d'esclaves pris tout au plus sur les frontières de l'Abyssinie. Ceux qui sont vraiment de cette région éloignée, et que l'on rencontre au Kaire, viennent plus fréquemment de l'Arabie heureuse, où il existe de fréquentes relations commerciales avec cette nation, qui a assez de connaissances maritimes pour traverser le golfe de la mer Rouge. J'ai rencontré au Kaire quelques Abyssiniennes absolument blanches : elles descendaient

vraisemblablement de quelques familles Portugaises qui se sont établies,
dans ces pays, il y a deux siècles.

Les Nègres que l'on amène du
royaume de Darfoor, sont bien positi-
vement noirs et Nègres dans la force
du terme. Ils ont généralement le nez
large, écrasé, de grosses lèvres ren-
versées, et dans la totalité, une physionomie qui déplaît sensiblement aux
Européens. Leurs qualités morales
m'ont paru être dans un parfait rapport avec leur physionomie.

Les Nègres, enfin, que l'on amène
du Fezzan, sont moins noirs, et se dis-
tinguent par leur docilité et leur intelligence ; ils sont fréquemment mar-
qués par de nombreuses cicatrices
assez régulières à la figure, qu'ils ont
coutume de considérer comme un
ornement.

Les Négresses en général, quoique plongées dans une condition abjecte, ne sont pas sans ambition et sans le desir de plaire : dès leur arrivée au Kaire, elles se frottent le corps de graisse ou d'huile, pour mieux faire ressortir le coloris de leur peau. Quoique ces femmes n'aient, au lieu de cheveux, qu'une espèce de laine, la coutume de leur pays porte cependant à faire une centaine de petites tresses, trempées pour ainsi dire dans le beurre ou la graisse de mouton. Elles ont toutes les oreilles, et souvent une ou les deux aîles du nez percées pour y porter des ornemens. J'ai même vu différentes femmes qui avaient le ventre si régulièrement couvert de cicatrices, qu'on ne peut qu'en être étonné. S'il est vrai que l'on fait ces incisions pour raison de maladie, j'ai bien des motifs qui me font croire que d'autres fois on ne les fait que pour le plaisir de ne pas avoir un ventre uni, qui paraît ne pas être de mode chez eux.

MM. de Buffon et Valmont de Bomare rapportent que les Éthiopiens et plusieurs autres peuples de l'Afrique, rapprochent, par une sorte de couture, aussitôt que leurs filles sont nées, les parties que la nature a séparées en elles, et ne laissent libre que l'espace nécessaire pour les écoulemens naturels ; que les chairs contractent des adhérences peu-à-peu, à mesure que l'enfant prend son accroissement ; de sorte qu'on est obligé de les séparer par une incision, lorsque le temps du mariage est arrivé. On dit même qu'ils emploient pour cette infibulation des filles, un fil d'amiante, parce que cette matière n'est pas sujette à la corruption ; cette opinion est assez généralement accréditée, sans doute parce qu'elle a été avancée par des hommes qui jouissent à si juste titre d'une grande célébrité.

Les Français trouvèrent dans les maisons des Mamelucks fugitifs, des Négresses qui devinrent leurs concubines : ils en trouvèrent qui avaient les parties naturelles presque oblitérées; on ne douta pas un instant que cela ne fût la suite d'une couture faite dans leur jeunesse. J'eus recours à différentes Négresses pour découvrir plus exactement comment se faisait cette prétendue couture, et quels étaient les motifs qui les déterminaient à la faire; je ne tardai pas à m'assurer que cette oblitération n'est que la suite naturelle de la circoncision, qui chez eux paraît être aussi usitée pour les femmes que pour les hommes. Comme la religion mahométanne ne prescrit pas, sur le sexe, cette opération qui se pratiquait déja chez les anciens Égyptiens, et qu'elle se fait encore aujourd'hui fréquemment chez les Cophtes, il est naturel de croire que de fortes raisons l'ont perpétuée.

C'est un fait connu, que les grandes lèvres s'alongent très-souvent outre mesure, sur-tout dans les climats chauds, que quelquefois le clitoris est d'une grandeur difforme ; or, quoique ni l'un ni l'autre n'apportent aucun obstacle à la génération, il paraît cependant que la difformité du clitoris est regardée, par les Nègres mêmes, comme un vice révoltant, en ce qu'il donne à la femme l'apparence de l'homme. Ce vice de conformation, quoiqu'infiniment rare chez les autres nations, était bien connu des anciens : les femmes Grecques et Romaines, dans les temps de dissolution des mœurs, ne rougissaient pas d'avouer cet état, et de simuler entr'elles les plaisirs qui exigent la réunion des deux sexes. S'il faut en croire l'histoire, quelques-unes, par jalousie, se portèrent aux plus grandes violences contre ces amans extraordinaires, et les punirent de leur inconstance par la mort. Les anciens peignent ces liaisons illicites avec les couleurs du vice le plus affreux. M. Browne (L. C.) dit que l'opération qui se pratique chez les Nègres, n'est qu'une excision du clitoris, laquelle a été déja très-exactement décrite par *Aëtius*. Cependant, d'après tous les renseignemens obtenus, il me paraît bien décidé que, outre le clitoris, on coupe encore la portion des grandes lèvres que l'on estime superflue ; immédiatement après cette resection, qui se fait avec un rasoir, on recouvre la plaie avec quelque substance propre à absorber le sang qui en découle, et qui ordinairement n'est pas en grande quantité, parce qu'on a toujours soin de faire cette opération à l'âge d'un, de deux, de quatre et six ans ; on la pratique même quelquefois à l'âge de six mois. On réunit les parties au moyen d'un bandage aux cuisses, et un autre aux jambes, et l'on tient ainsi la malade couchée jusqu'à la guérison parfaite ; c'est par un procédé semblable que les parties se collent de manière à faire croire que dans leur jeunesse on les avoit réunies par une couture.

Si, au moment du mariage, l'époux trouve le passage des parties naturelles trop étroit, une femme experte le dilate de nouveau par un coup de rasoir, mais toujours avec la circonspection de faire l'ouverture plutôt moindre que trop grande, pour des raisons faciles à deviner ; il arrive, par cette espèce de précaution, que lorsque la nouvelle mariée accouche la première fois, il faut en venir souvent à une seconde incision.

La circoncision des femmes se répète quelquefois dans certains cas, et sur-tout lorsqu'il s'agit de remédier au libertinage d'une femme incorrigible : je ne sais si on peut considérer ce remède comme radical, et je crains beaucoup, s'il se pratiquait en Europe, qu'il n'y fût qu'un bien faible palliatif.

Une dame de ma connaissance avait depuis plusieurs années une belle Négresse, âgée d'environ quinze ans; cette fille était, d'après l'assurance de sa maîtresse, *très-bien cousue*, et sous ce rapport elle ne craignait aucunement de la laisser avec des hommes. Tout-à-coup la fille fut grosse sans avoir subi aucune autre opération que celle d'un robuste militaire.

Quant à la vente des Nègres, elle ressemble assez à celle des animaux domestiques en Europe ; l'acquéreur fait la ronde du marché, choisit ce qui lui convient le mieux ; le Ghellabi, telle interpellation qu'on lui fasse, ne s'avance que très-rarement sur le prix qu'il demande de l'individu que l'on veut avoir, en sorte que l'acheteur est forcé de dire lui-même celui qu'il veut y mettre. Si l'offre approche du prix courant, le courtier prend la main droite du Ghellabi et celle de l'acquéreur, exhorte le premier à consentir au marché, en lui portant l'autre main sur la nuque, pour lui baisser la tête. Tout cela se fait avec un bruit et des cris incroyables, et ressemble beaucoup plus à une contrainte, et à un acte de violence, qu'à une convention réciproque : le Ghellabi répond toujours *efta halla* ; c'est-à-dire, Dieu

m'enverra une meilleure fortune ; et
si on n'augmente pas encore l'offre de
5 à 10 piastres, il n'y a pas de pro-
babilité que le contrat s'effectue : une
fois convenus de prix, le bruit cesse
tout-à-coup ; le courtier, le Ghellabi,
l'acquéreur, le Nègre ou la Négresse acheté, passent au bureau qui
est situé à la sortie de l'okèle ; là un
écrivain Cophte enregistre qu'un tel
a acheté d'un tel marchand, un Nègre de tel âge, et à tel prix ; il dé-
livre copie de cet enregistrement à l'a-
cheteur, qui paie, à cette occasion, une
piastre d'Espagne, au bénéfice du propriétaire de l'okèle. Les gens du pays ne
paient ordinairement qu'un léger à-
compte au Ghellabi qui accompagne le
Nègre chez son nouveau maître. Si dans
les vingt premiers jours on découvre
quelque défaut essentiel chez les Nègres
ou les Négresses, comme, par exemple,

de ronfler beaucoup , de pisser au lit, etc. , on peut le restituer ou le changer; si au contraire on est content de l'acquisition , on paie le restant du prix convenu. Les Français , plus pressés d'avoir des Négresses à leur disposition , et ne se doutant nullement que cette classe de personnes pût être infectée de la maladie vénérienne , n'ont pas cru devoir observer cet usage; aussi en est-il résulté que plusieurs d'entre eux ont acheté cher le plaisir qu'ils ont goûté avec elles.

Il n'est guères possible de dire quelque chose de bien positif sur le prix des Nègres : il varie infiniment, et toujours en raison de la fréquence des caravanes, du nombre des Nègres qu'elles amènent , quelquefois en raison du nombre des Nègres qui ont péri de la peste ; cependant , puisqu'il est essentiel de dire quelque chose sur le prix, j'établirai, comme terme moyen, celui qui suit :

Pour un garçon de 10 à 14 ans, 50 à 70

Pour un de 15 à 18 ans, 70 à 100

Pour une fille de 8 à 12 ans, 35 à 50

Pour une fille, ou femme, de 14 à 20 ans, 70 à 90

Pour un eunuque de l'âge de 10 à 12 ans, 160 à 200

Piastres d'Espagne.

J'ai été d'abord bien étonné de voir que les Nègres quittent leurs compagnons de voyage, souvent leur frère, leur sœur, même leur mère, sans témoigner le moindre regret; j'ai eu lieu, par la suite, de me convaincre que ce n'est pas par l'effet d'une insensibilité particulière, mais bien l'espoir d'une meilleure fortune, qui les rend ainsi; car si par la suite ils se retrouvent, leur joie est grande, et ils se piquent réciproquement de générosité.

C..

Il y a des personnes qui se sont for-
mé une idée si favorable de l'état des
Nègres vendus au Kaire, qu'elles ont
considéré l'acquisition qui s'en fait,
plutôt comme une adoption que comme
un esclavage. Si cependant on considère que l'esclavage est l'état d'un
homme qui, par force ou par convention, a perdu la propriété de sa personne, dont un maître peut disposer
comme de sa propriété ; je trouve qu'un
Nègre vendu au Kaire est aussi bien
esclave que celui qui l'est en Amérique, avec la différence seulement
que sa servitude est plus douce en
Égypte, puisqu'il n'est guères destiné
qu'à servir son maître ; d'où il résulte
qu'il est ordinairement assez bien ha-
billé et nourri, et même s'il se comporte bien, on songe, après un certain
nombre d'années, à lui donner quelque état, et à le marier. Si un Nègre

ou une Négresse , en revanche , se comporte mal , si on s'apperçoit de vol , de grande négligence , d'indocilité , ou bien d'intrigues amoureuses , etc. de sa part , ils sont châtiés , et ce n'est souvent que par des bastonnades qu'on parvient à les corriger , et à leur apprendre quelque chose. Lorsque le propriétaire d'un Nègre s'apperçoit qu'il est incorrigible , qu'il ne cesse de lui causer des désagrémens , il le renvoie avec ses plus mauvaises hardes au marché, pour le revendre ; il se trouve toujours des personnes qui les achètent, dans la persuasion que chez eux ils feront meilleure réussite ; au reste , ils sont toujours vendus à meilleur compte que les nouveaux arrivés.

Les Mameluks achetaient annuellement un nombre assez considérable de Nègres, pour le service de leurs maisons ; les mâles devenaient souvent leurs frères d'armes , et parvenaient, avec le temps , aussi bien que les esclaves Circassiens ou Géorgiens , à des places éminentes de leur gouvernement. Ils sont ordinairement bons soldats.

Au reste , quoique les Nègres soient beaucoup mieux en Égypte que chez eux , l'amour de la patrie , le desir d'y retourner n'est pas absolument rare : mais trois puissans obstacles s'y opposent , le défaut de moyens , la longue et pénible traversée , et l'excessive méchanceté des Ghellabis qui composent la caravane. Il serait intéressant de pouvoir expliquer d'une manière satisfaisante, pourquoi cette nation préfère de languir sous un ciel brûlant, sous un sceptre de fer , dans le plus cruel esclavage , exposés tantôt à la férocité des hommes , tantôt à celle des animaux qui rôdent fréquemment aux environs des demeures, et qui les obligent à être toujours en garde contre eux.

―――――――

Des maladies auxquelles les Nègres sont sujets en arrivant au Kaire.

Quoique les Nègres soient généralement sains, forts et robustes, ils sont néanmoins sujets à différentes maladies en arrivant au Kaire, qui, pour la plupart, sont une suite naturelle du long et pénible voyage qu'ils font à travers les déserts, et sur-tout de la grande différence qu'il y a entre le climat de l'Égypte et le leur, toujours plus ou moins près de la Zône-torride. Les maladies principales auxquelles ils sont sujets se réduisent au nombre suivant :

1.º *Les Rhumes, ou affections ca-*

tarrhales. Comme les caravanes arrivent ordinairement en septembre au Kaire, où les nuits commencent à être fraîches et humides ; comme, outre leur nudité absolue, les Nègres sont entassés de nuit dans de petites chambres, et qu'ils s'exposent à chaque instant à l'alternatif du chaud et du froid, ils sont fréquemment atteints de rhume, qui, au reste, n'a jamais de suite fâcheuse, et qui se dissipe toujours spontanément.

2.º *Des Ophtalmies*. L'ophtalmie qui est endémique en Égypte, n'attaque pas les Nègres avec autant de violence que les Européens. Il est difficile de déterminer d'une manière satisfaisante, quelles sont les vraies causes de cette maladie ; j'ai discuté cet argument d'après ma manière de voir, dans un mémoire inséré dans un ouvrage que je me propose de publier lorsque les circonstances me le permettront.

3.º *La Petite-vérole*. Cette maladie est souvent funeste pour les Nègres et les Ghellabis ; elle semble être moins fréquente au Soudan, qu'en Egypte, mais elle est toujours meurtrière ; les Ghellabis prétendent même qu'elle ne règne jamais dans leur pays que lorsqu'on y apporte le germe de cette contagion. Cette assertion paraît avérée par deux observations : la première, c'est que dans le nombre de Nègres que l'on porte au Kaire, il s'en trouve souvent les deux tiers qui n'ont pas encore éprouvé cette maladie ; la seconde, c'est que le médecin Poncé qui fut demandé, il y a un siècle, par le roi d'Abyssinie, observe dans la relation de son voyage, que sa caravane avait été arrêtée dans la Nubie, pour s'assurer qu'aucun individu n'était atteint de la petite-vérole ; car lorsqu'on

la rencontrait, on avait coutume d'as-
sujettir la caravane à une quarantaine.
Je me suis informé chez beaucoup de
personnes, pour savoir si cette coutume existe encore ; mais aucune n'a
pu me donner des renseignemens sa-
tisfaisans à ce sujet.

La petite-vérole est ordinairement
très-abondante chez les Nègres ; l'é-
ruption se fait souvent avec plus de
difficultés que chez les Blancs, vraisemblablement parce qu'ils ont la peau
plus épaisse et plus consistante ; la
fièvre qui précède l'éruption est souvent très-forte. Si l'on n'a pas vu déja
plusieurs fois cette maladie chez les
Nègres, il est difficile à un médecin
Européen de la reconnaître dans son
principe, à moins que les symptômes
concomitans n'en indiquent la nature,
ou bien l'épidémie régnante. Les petits boutons qui se manifestent au mo-

ment de l'éruption, sont d'autant plus équivoques, qu'on ne distingue aucune nuance du blanc au rouge ; la couleur de la peau et celle des boutons sont les mêmes. Comme d'ailleurs les nouveaux arrivés sont sujets à une maladie cutanée de laquelle je vais parler, et qu'ils sont souvent couverts de boutons, qui sont une suite de la morsure des cousins , le médecin se trouve assez souvent entouré de doute sur la vraie nature de la maladie. Il est vraisemblable que les Ghellabis perdraient moins de Nègres s'ils leur donnaient quelques soins, et sur-tout s'ils voulaient consulter quelque médecin Européen; mais ou leur intelligence n'arrive pas à saisir cette vérité, ou bien ils ne sont point disposés à faire aucune dépense de ce genre.

4.° *Une Maladie cutanée,* que les habitans du Kaire nomment vulgairement *aesch el medina.* Elle est presque générale chez les nouveaux arrivés ; cette maladie a été souvent confondue avec la gale, soit par la forme des pustules, soit par la grande démangeaison qu'elle cause. Si néanmoins on considère qu'elle n'est pas contagieuse, et que la gale est assez rare en Égypte, on se persuadera facilement que les gens du pays ont raison de la désigner par le nom particulier de *aesch el medina*, ou *le pain de la ville*, pour indiquer que c'est la maladie la plus commune des nouveaux arrivés du Soudan : la maladie se manifeste successivement par une quantité de petits boutons, un peu pointus, plus ou moins nombreux, sur toutes les parties du corps, sans fièvre, ni autre indisposition ; quelquefois l'éruption totale de ces boutons se fait rapidement et en peu de jours ; quelquefois elle a lieu lentement, et dure plusieurs semaines ; parfois aussi elle reste toujours la même, et ressemble parfaitement à une gale sèche, (*scabies sicca*) ; d'autres fois les boutons s'agrandissent, et l'on y observe une matière simplement séreuse, ou purulente, et toujours avec une forte démangeaison de jour comme de nuit. J'ai vu quelquefois ces boutons si abondans, que les extrémités supérieures et inférieures en étaient tuméfiées comme dans la petite-vérole. Il n'est pas rare alors d'observer une fièvre plus ou moins considérable.

J'ignore absolument les vraies causes de cette maladie. Quelques personnes ont voulu prétendre qu'elle est causée principalement par le changement de nourriture, et sur-tout par l'usage des viandes : mais cette assertion est absolument fausse ; car j'ai trouvé souvent au marché des Nègres, beaucoup d'individus sur lesquels cette maladie s'était déja déclarée, et conséquemment dans un temps où ils vivaient encore à la manière de leur pays.

La maladie abandonnée à elle-même dure quelquefois plusieurs mois, et devient même hideuse ; si au contraire après l'éruption complète , on emploie les remèdes que je vais indiquer, la maladie disparaît dans un espace de temps assez court. La méthode la plus usitée, la plus efficace de guérir cette maladie, d'après les observations des habitans du pays, est de frotter le malade tous les deux jours, et sur tout le corps, avec ce qu'ils appellent du *kiske;* c'est du froment à demi-cuit, desséché, trituré, et puis mêlé, pendant plusieurs jours, avec du lait , et exposé au soleil pour que cette préparation se dessèche. Il faut continuer la friction jusqu'à ce que l'éruption soit complètement disparue, ce qui a lieu dans huit ou tout au plus quinze jours.

J'ai vu également employer avec succès le remède suivant : on humecte une portion de farine de lupin, avec une bonne quantité de jus de citron ; on couvre tout le corps du malade avec ce mélange, et on l'expose en cet état au soleil pendant une ou plusieurs heures ; lorsque le mélange est entièrement desséché sur la peau, on conduit le malade au bain d'étuve. Il faut réitérer de deux en deux jours l'application de ce remède, jusqu'à la disparution totale du mal.

J'ai vu encore employer avec un égal succès, un liniment d'huile de lin, de soufre, et de noix de galle. On n'emploie jamais dans le traitement de cette maladie, aucune espèce de remède interne : ceux qui ont voulu employer le mercure doux ou le soufre, n'en ont retiré aucun avantage sensible.

Il est bon de ne donner que très-peu d'alimens gras aux Nègres nouvellement arrivés, qu'ils soient malades ou non ; les gens du pays prétendent même qu'il ne faut leur donner, durant les quarante premiers jours, que du riz, du pain et des légumes secs. Quoiqu'il soit assez naturel de n'habituer que graduellement ces gens à un genre de vie aussi opposé au leur, j'ai cependant observé que l'on pouvait sans danger retrancher de ce nombre de jours.

5.° *La Diarrhée et la Dyssenterie.* Ces maladies sont redoutables pour tous les nouveaux arrivés en Egypte ; il y a deux moyens principaux pour s'en préserver : le premier consiste dans un bon régime, c'est-à-dire, à manger peu de viande ; le second de se bien vêtir à l'approche de l'hiver, Au reste, comme mes observations sont très-nombreuses sur la nature et le traitement de la dyssenterie , je les réserve absolument pour la topographie médicale du Kaire.

6.º *La Peste*. Non-seulement les Nègres nouvellement arrivés au Kaire, mais ceux même qui habitent depuis plusieurs années cette capitale, sont attaqués très-facilement de cette fatale contagion. Il est, selon moi, extrêmement difficile d'expliquer cette susceptibilité particulière ; car tout ce qu'on peut dire sur l'acclimatement, sur une disposition particulière des humeurs à contracter cette maladie, est extrêmement vague et hypothétique. Je tâcherai de développer également cet argument d'une manière particulière, lorsque je publierai mes observations sur la peste.

7.º *Le Dragonneau, ou le Dragon, ou la Veine de Médine, (Furia infernalis, Vena Medinensis, Dracunculum, Gordius Medinensis, Dragontia Æginetæ.)* Il paraît qu'il se trouve dans les eaux du Soudan, peut-être dans celles que l'on rencontre dans le désert, une espèce de ver qui s'introduit dans la peau, et principalement dans celle des extrémités inférieures ; il est de la grosseur d'une chanterelle, quelquefois plus fin encore, pointu à ses deux extrémités comme le lombric, long de quatre à six pieds. On reconnaît son existence par sa tortuosité sous la peau , laquelle a assez de vraisemblance avec les petites veines variqueuses. Quelquefois il reste long-temps ainsi sans causer aucune incommodité , sans être même apperçu; mais quand il a une fois atteint le plus haut point de son accroissement , il occasionne dans la partie une inflammation qui passe chaque fois à suppuration. Dès que l'abcès s'ouvre, le ver se présente par la tête. Les individus qui recèlent ce ver dans quelque partie du corps, meurent souvent d'épuisement, si l'on ne songe pas à temps de remédier au mal.

Il y a au Kaire quelques Nègres qui jouissent de la renommée de savoir extraire adroitement ce ver ; car si on le rompt, cela devient dangereux pour le malade. Ils cherchent à s'emparer d'un bout du ver, qu'ils roulent sur un morceau de bois et qu'ils fixent sur la partie. Tous les jours ou tous les deux jours ils remontent sur le bois une partie du ver, de façon qu'à la fin et avec la patience requise, ils l'extraient totalement ; le restant du traitement se réduit à celui d'un ulcère simple. D'après les observations faites sur l'extraction de ce ver en Europe, il résulte qu'en soufflant de la fumée de tabac dans l'ulcère, le ver en meurt : l'effet est à-peu-près égal en le couvrant d'un emplâtre mercuriel. Le docteur Lœffler dit avoir employé avec beaucoup d'avantage le liniment volatil, qui calme les douleurs et dissipe l'inflammation.

8.º *La Maladie vénérienne.* Les Nègres apportent souvent cette maladie de leur pays ; le diagnostic en est quelquefois difficile. Il est conséquemment bon de prévenir ceux qui achètent une Négresse, qu'il n'est pas sans danger d'avoir de suite des relations avec elle.

Le *Pian*, qui tue tant de Nègres en Amérique, est tout-à-fait inconnu en Égypte.

FIN.